REPUB FRANC
20 C POSTES 20 C

Le Livre des Timbres 1999

Cet ouvrage a été édité par La Poste.

REMERCIEMENTS

La Poste tient à exprimer sa reconnaissance
pour leur collaboration aux personnes suivantes :
Mme Annette Apaire
Mme Maïten Bouisset
Mme Jane Champeyrache
M. Frédéric Devendeville
M. Patrick Marchand
M. Pierre Salanne

Dépôt légal : quatrième trimestre 1999

ISBN 2-913763-02-2

Sommaire

Roses anciennes
Conçu par Christian Broutin
Mis en page par Charles Bridoux
Imprimé en héliogravure
Format des 3 timbres verticaux 26 x 36 mm
Format du bloc vertical 110 x 160 mm
Valeurs faciales 3,00 francs et 2 x 4,50 francs

Roses anciennes

Le premier Congrès international de roses anciennes, organisé à Lyon en mai 1999, a offert l'occasion de rendre hommage à trois roses anciennes très réputées.

Le rosier fleurit sur Terre depuis 35 millions d'années, comme en témoignent les fossiles. La rose a toujours accompagné les civilisations, à travers les mythes et les légendes, la littérature et les arts. Elle est utilisée à des fins culinaires, médicales, cosmétiques et symboliques. Les roses anciennes, issues de rosiers créés entre 1800 et 1920, sont réparties selon sept groupes (dont les rosiers-thé et les premiers hybrides de thé). Lyon, réputée pour ses rosiéristes, est la ville natale de trois des plus recherchées d'entre elles. 'La France', obtenu par Jean-Baptiste Guillot fils en 1867, reste l'un des rosiers favoris des spécialistes. Premier hybride de thé, il doit sa renommée à de longs boutons retenant plus de soixante pétales et s'épanouissant en corolles d'un blanc argenté doublé d'un rose lilas. 'Mme Alfred Carrère', du nom de l'épouse d'un botaniste, est un rosier grimpant. Joseph Schwartz l'obtint en 1879 à partir d'un hybride de *Rosa noisettiana* et d'un hybride de thé. Il se distingue par ses fleurs au riche parfum et aux pétales blancs, à peine rosés. 'Mme Caroline Testout' porte le nom d'une couturière célèbre du XIXe siècle. Cet hybride de thé fut créé par Joseph Pernet-Ducher en 1890. Ses grandes fleurs doubles, aux pétales enroulés, dont le rose brillant et pur s'assombrit au centre, dégagent un parfum léger.

Les roses anciennes ornent les plus grandes roseraies : Bagatelle à Paris (à gauche), Guillot à Lyon (à droite, autochrome du Laboratoire Lumière représentant Hélène Guillot).

Les timbres du quotidien

Merci
Conçu par l'agence Dragon Rouge
Imprimé en héliogravure
Format horizontal 22 x 36 mm
Valeur faciale 3,00 francs

C'est un garçon
Conçu par l'agence Dragon Rouge
Imprimé en héliogravure
Format horizontal 22 x 36 mm
Valeur faciale 3,00 francs

C'est une fille
Conçu par l'agence Dragon Rouge
Imprimé en héliogravure
Format horizontal 22 x 36 mm
Valeur faciale 3,00 francs

Merci

La Poste nous offre une façon originale d'exprimer notre gratitude : dire merci grâce à un timbre-poste. Avant même d'ouvrir l'enveloppe qui lui est adressée, le destinataire sait que le message qu'il lira lui sera agréable. Ce timbre permet de marquer un moment de joie, d'exprimer sa reconnaissance, de dire qu'on se souvient. « Merci » un peu, beaucoup, passionnément…

Naissances

Est-ce une fille ou bien un garçon ? Les cigognes ne se trompent jamais. Leur réputation en matière de tri et de livraison des bébés n'est plus à faire. Ces grands oiseaux migrateurs aux ailes blanches bordées de noir et aux longues pattes rouges, sillonnent le ciel par tous les temps, serrant dans leur bec le précieux colis.

Bonne fête

Deux joyeux messagers pour vaincre notre timidité et afficher nos tendres sentiments : on peut le faire tout en nuance en choisissant un timbre qui dit « Je t'aime » sur un dégradé de couleurs en forme de cœur, ou le faire avec douceur en envoyant un cœur orné d'une rose. Voilà le moyen de célébrer ceux qu'on aime : fête d'un saint dont un être cher porte le nom, fête des mères, des pères, des grands-mères, Saint-Valentin…

Bonne fête
Conçus par Aurélie Barras
Imprimés en héliogravure
Formats 31,5 x 32 mm
Valeurs faciales 3,00 francs

Mariage

On peut déclarer sa flamme avec des fleurs. Mais désormais on peut le faire aussi avec des timbres. Cette année, les timbres-poste sont décidés à parler à cœur ouvert et à aller droit au but. Leurs images illustrent à la manière des fables les événements heureux de notre vie. Quoi de plus simple à comprendre que le « Oui » porté par les tendres tourterelles ?

Mariage
Conçu par l'agence Dragon Rouge
Imprimé en héliogravure
Format horizontal 22 x 36 mm
Valeur faciale 3,00 francs

Patrimoine culturel du Liban

Patrimoine culturel du Liban
Mosaïque *L'Enlèvement d'Europe*,
© Paul Veysseyre-Musée archéologique de Saint-Romain-en-Gal
Mise en page par Charles Bridoux,
Imprimé en héliogravure
Format carré 36 x 36 mm
Valeur faciale 4,40 francs

La cité de Byblos fut très florissante, surtout aux IIIe et IIe millénaires av. J.-C., puis pendant l'époque romaine (en haut).
À droite, figurines divines en bronze découvertes à Byblos.

Huit ans après la fin de la guerre, les musées du Liban présentent à nouveau les chefs-d'œuvre issus des principaux sites archéologiques du pays et longtemps mis à l'abri des bombardements. À Paris, l'Institut du Monde arabe célèbre cette redécouverte des richesses artistiques et culturelles du Liban en organisant une exposition, véritable rétrospective consacrée à 6 000 ans d'histoire : peintures murales datant de l'époque hellénistique, trésors de l'architecture religieuse de la Vallée sainte émaillée de monastères, de chapelles primitives et d'ermitages. Le timbre retenu pour célébrer cet événement représente un détail de la scène principale de la mosaïque intitulée *L'Enlèvement d'Europe*. Datant de l'époque romaine (début du IIIe siècle ap. J.-C.), cette mosaïque de pavement a été retrouvée dans une villa de Byblos, l'actuelle Djebail, au nord de Beyrouth.
Selon la légende, Zeus (Jupiter chez les Romains) fut séduit par la beauté d'Europe, fille du roi de Phénicie, Agénor. Zeus prit alors la forme d'un taureau blanc et l'enleva en l'entraînant jusqu'en Crète, où Europe donna naissance à Minos. Ainsi, ce timbre nous incite à nous replonger dans la mythologie et les atlas des civilisations.

Dieppe
Seine-Maritime

Les falaises, le château et les cerfs-volants : images d'une cité qui flirte depuis toujours avec le vent.

Dieppe – Seine-Maritime
Conçu et gravé par Ève Luquet
Imprimé en taille douce
Format horizontal 36 x 26 mm
Valeur faciale 3,00 francs

Tournée vers la mer, la ville est ancrée en pays de Caux dont elle est le point ultime, trait d'union entre le plateau crayeux et le grand large, gare terminale des passagers prêts à embarquer pour la traversée vers l'Angleterre. Village à vocation maritime, Dieppe se lance dans le commerce dès le XIIe siècle. Quatre cents ans plus tard, le savoir-faire maritime de la ville permet à l'armateur Jean Ango d'envoyer la flotte dieppoise aux Indes orientales, en Amérique et sur les côtes d'Afrique avant d'aider François Ier à préparer la guerre navale contre l'Angleterre. Ravagée par la peste, plusieurs fois détruite, notamment en 1694 par la flotte anglo-hollandaise et plus tard pendant la Seconde Guerre mondiale, la ville a cependant conservé les traits caractéristiques de son histoire. Tous les deux ans, Dieppe continue de rêver en offrant ses grands vents au Festival international des cerfs-volants.

Située à l'embouchure de l'Arques, Dieppe a toujours été un port de voyageurs, de commerce et de pêche.

Le musée de la ville est situé dans le château. On peut y voir une superbe collection d'ivoires dieppois (en haut, à droite).

Conseil de l'Europe
- Conçu par l'agence Pascale Pichot
- Imprimé en héliogravure
- Format horizontal 22 x 36 mm
- Valeur faciale 3,00 francs

Élections au Parlement européen – 13 juin 1999
- Conçu par Jean-Michel Folon
- Mis en page par Jean-Paul Cousin
- Imprimé en héliogravure
- Format horizontal 22 x 36 mm
- Valeur faciale 3,00 francs

Conseil de l'Europe

1949-1999

Créé en 1949 à Londres par la Belgique, la France, le Luxembourg, les Pays-Bas, le Royaume-Uni, l'Irlande, l'Italie, le Danemark, la Norvège et la Suède, le Conseil de l'Europe, la première et la plus vaste des organisations politiques européennes, célèbre son cinquantième anniversaire. Son but est la réalisation « d'une union plus étroite entre ses membres afin de sauvegarder et de promouvoir les idéaux et les principes qui sont leur patrimoine commun, et de favoriser leur progrès économique et social ». Les moyens pour arriver à ces fins passent par l'examen des questions d'intérêt commun, la sauvegarde des droits de l'homme et l'adoption d'une action commune dans les domaines économique, social, culturel, scientifique, juridique et administratif. Aujourd'hui, le Conseil de l'Europe comprend quarante membres et le projet européen touche plus de 700 millions de citoyens.

Élections au Parlement européen

13 juin 1999

Seule institution internationale dont les membres sont démocratiquement élus au suffrage universel, le Parlement européen est composé de représentants des peuples des États réunis dans la Communauté. Il compte 626 députés. Le Parlement européen fut élu pour la première fois en juin 1979. Pour l'essentiel, la procédure électorale est réglée par les dispositions législatives nationales qui montrent d'importantes différences, que ce soit en ce qui concerne le mode de scrutin, l'âge minimum d'éligibilité ou les modalités de remplacement en cas de vacance de siège en cours de mandat. La nature et la durée du mandat du représentant européen sont régies par des règles communautaires. Le timbre symbolise l'arbre-Europe sur fond de couleurs d'une aube nouvelle ; une main citoyenne ayant participé aux élections du 13 juin 1999 s'approche de quelques étoiles européennes.

Airbus A300-B4

Pour remplir ses missions et son rôle d'opérateur essentiel du courrier, l'Aéropostale aligne ses A300-B4.

Aéropostale et vol de nuit version fin de siècle. L'Airbus A300-B4, qui est un appareil dédié au transport des passagers, peut être configuré pour le fret. Trois avions de ce type seront mis en ligne au cours de cette année. De la famille des Airbus A300 datant du début des années 1970, le B4 présente une autonomie et un rayon d'action supérieurs à ceux de la première génération de cet avion européen. Filiale logistique de La Poste, l'Aéropostale exploite actuellement 24 h/24 h une vingtaine d'appareils convertibles passagers/cargo. Chaque nuit, une cinquantaine de vols acheminent le courrier et le fret express. Ainsi, l'A300-B4 marque une grande étape dans l'histoire de la poste aérienne.

Pour convertir l'A300-B4 en cargo, les sièges passagers sont enlevés. Ils laissent alors la place aux 45 tonnes de charge que l'appareil peut embarquer. La configuration fret peut être mise en place en moins de vingt minutes.

Airbus A300-B4
Poste aérienne 1999
Conçu par Jame's Prunier
Mis en page par Charles Bridoux
Imprimé en héliogravure
Format horizontal 27 x 48 mm
Valeur faciale 15,00 francs

Armada du Siècle

Rouen 1999

Qui n'a jamais rêvé de partir loin sur les océans à bord de l'un des plus beaux et des plus grands voiliers du monde ?

Une fête où le grand public peut admirer et visiter les plus beaux voiliers du monde et les plus grands navires de guerre : ainsi l'Armada du Siècle a été organisée à Rouen du 9 au 18 juillet 1999. Après le succès des Voiles de la Liberté, en 1989, et de l'Armada de la Liberté, en 1994, le port de Rouen a accueilli plusieurs millions de visiteurs à l'occasion du plus grand rassemblement international de voiliers, vieux gréements et navires de la fin de ce siècle. Pendant dix jours, toute une ville et sa région ont été en fête et ont proposé de nombreuses animations : armadas fluviales, « parade du siècle », promenades en Seine, compétitions sportives, initiation à la voile, concerts, feux d'artifices… et bien sûr visite des bateaux. Les timbres de ce bloc-feuillet sur lesquels sont représentés notamment le *Belem*, la *Belle-Poule* et l'*Amerigo Vespucci*, font revivre l'univers de légende des navires d'autrefois. L'histoire marine se confond souvent avec l'histoire tout court, en évoquant au fil des âges les galères antiques, les nefs du Moyen Âge, les caravelles de Christophe Colomb, les galions des conquistadors, les frégates des explorateurs, les clippers de

Les navires utilisent divers drapeaux pour communiquer en mer.

Ces codes sont utilisés par tous les bateaux du monde.

Croix-Rouge

Organisation créée au milieu du XIXe siècle, la Croix-Rouge continue de combattre la misère.

Née de l'initiative du Suisse Henri Dunant après la bataille de Solférino en 1859, la Croix-Rouge a étendu son champ d'action. Elle continue de venir en aide aux victimes de guerre, de protéger les populations civiles et les prisonniers de guerre, et d'interdire les atrocités pendant les périodes de conflit.
En temps de paix, l'organisation internationale, dont l'emblème est un croissant rouge dans les pays musulmans, prend en charge les soins de première urgence, la prévention des accidents, la formation d'aide-infirmière, la gestion de dispensaires, de banques du sang, de centres de protection de la mère et de l'enfant,…

Médecin italien de la Croix-Rouge soignant une jeune Kosovar dans le camp de Stenkovac en Macédoine. Ce camp accueillit plus de 4 000 réfugiés.

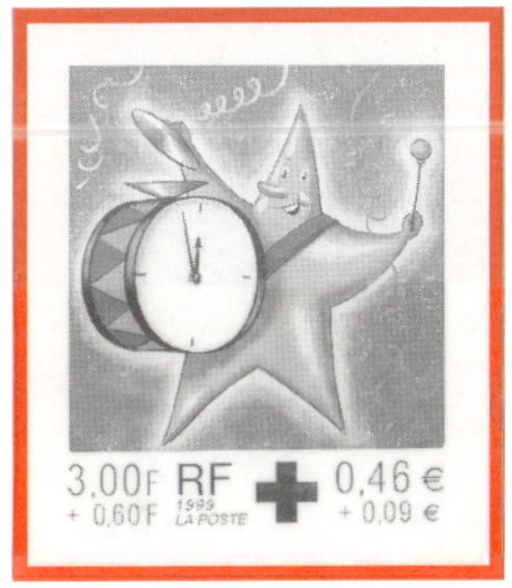

Croix-Rouge
Conçu par Pierre-Marie Valat
Mis en page par Alain Seyrat
Imprimé en héliogravure
Format vertical 27 x 32,75 mm
Valeur faciale 3,00 francs
+ 0,60 francs

En temps de guerre, la Croix-Rouge assure aussi le ravitaillement des réfugiés (à gauche, camp à la frontière du Kosovo en avril dernier).

École de Nancy
Émile Gallé

Il y a cent ans naissait à Nancy un courant artistique novateur.

Véritable mouvement artistique à l'origine de l'Art nouveau et du style 1900, l'école de Nancy initie une renaissance des arts décoratifs. Émile Gallé s'impose comme le chef de file de ce mouvement qui donne à l'objet manufacturé un statut d'œuvre d'art. L'utile devient ainsi beau et l'art est partout : la dentelle, la reliure, le mobilier, la verrerie… Les artistes nancéens puisent leur inspiration dans la nature. Ainsi, profusion ornementale et lignes courbes triomphent sur les coupes, les vases, les flacons… L'école se constitue en société en 1901 et se définit comme « une alliance provinciale des industries de l'art ». Les œuvres de Louis Majorelle, Victor Prouvé, les frères Daum, Jacques Grüber, Eugène Vallin, etc., commencent à être produites en série et sont diffusées sur tous les marchés européens. L'école a laissé son empreinte architecturale dans toute la ville, comme une signature collective. Le Musée de l'école de Nancy offre par ailleurs un échantillon de cette riche production artistique.

Ci-dessus, portrait d'Émile Gallé par Louis Hestaux. À droite, une lampe ombelle réalisée par le chef de file de l'école de Nancy. En haut, girandole d'Émile Gallé. Ce dernier travailla sur l'opacité et la transparence de la pâte de verre en superposant des couches de couleurs et d'épaisseurs différentes.

Anton Van Dyck
1599-1641

Né à Anvers, cet artiste devint très jeune un portraitiste raffiné, recherché dans l'Europe entière.

Anton Van Dyck 1599-1641
Détail de *Charles Ier, roi d'Angleterre*
(1635), musée du Louvre
Mis en page par Jean-Paul Cousin
Imprimé en héliogravure
Format vertical 36,85 x 48 mm
Valeur faciale 6,70 francs

La précocité des dons artistiques d'Anton Van Dyck comme sa grande capacité de travail expliquent sa brillante carrière. Inscrit comme apprenti dès l'âge de 10 ans, il n'en a que 19 lorsqu'il est reçu maître de la Guilde de Saint-Luc d'Anvers. Très vite, les commandes affluent et s'il lui arrive d'exécuter de nombreux sujets religieux, on le sollicite surtout pour des portraits, genre dans lequel son génie s'affirme rapidement. Dans le même temps, il devient l'un des collaborateurs favoris de Rubens. Van Dyck se rend ensuite en Italie, où il visite les grands foyers artistiques, approfondissant ainsi, en particulier sous l'influence des œuvres du Titien, son sens de l'harmonie et ses qualités de coloriste. À Gênes, l'aristocratie apprécie le raffinement de ce portraitiste qui sait flatter ses modèles. En 1632, Van Dyck est appelé à la cour de Charles Ier d'Angleterre, qui le comble d'honneurs. Les commandes royales vont lui permettre de réaliser des œuvres de très grand format, comme l'effigie de *Charles Ier à la chasse* (musée du Louvre). Après plusieurs séjours sur le continent, Van Dyck, malade, rentre à Londres et meurt à 42 ans. Son influence allait s'avérer considérable sur l'évolution du portrait d'apparat à partir de la seconde moitié du XVIIe siècle.

Ces trois reproductions mettent en valeur l'aisance de Van Dyck à maîtriser différentes techniques. Remarquable coloriste, il multiplia les esquisses et les croquis où se retrouvent à la fois sa rigueur et sa liberté d'expression.

Saint-Pierre
Patrimoine martiniquais

Ville symbole de l'essor économique des Antilles, ville martyre à la merci des éruptions de la montagne Pelée.

Le marché à structure métallique de Saint-Pierre fut reconstruit quasi à l'identique peu après la catastrophe de la montagne Pelée.

Saint-Pierre – Patrimoine martiniquais
- Conçu par Christian Broutin
- Imprimé en héliogravure
- Format horizontal 36 x 22 mm
- Valeur faciale 3,00 francs

Découverte en 1502 par Christophe Colomb, la Martinique est colonisée par la France à partir de 1635. Saint-Pierre devient vite la capitale d'une région allant de Saint-Domingue à la Guyane et acquiert la réputation de « Petit Paris des Antilles ». C'est alors une ville de luxe et de culture, d'affaires, de commerce, d'histoire. Histoire de révoltes généreuses : la Révolution de 1789 trouve auprès de la population de Saint-Pierre de solides soutiens. Puis en 1848, une révolte y éclate et mène à l'abolition de l'esclavage sur l'île. Mais le passé de la ville n'est pas exempt des pires malheurs. Le 8 mai 1902, la ville est la proie de nuées de boue, de cendres asphyxiantes et destructrices de la montagne Pelée.
Près de 28 000 personnes périssent, emprisonnées dans un immense brasier. Ainsi, la ville est riche de nombreux vestiges, et c'est à ce titre qu'elle est inscrite au nombre des Villes d'art et d'histoire par la Caisse nationale des Monuments historiques et des sites le 23 février 1990.

Situées en plein cœur de Saint-Pierre, les ruines du Figuier ont d'abord abrité les servants de la batterie d'Esnotz, puis de riches négociants.

Les chiens
L'épagneul breton et le montagne des Pyrénées

De chasse ou de garde, les chiens font partie de notre quotidien.

D'origine française, l'épagneul breton remonte au XVIIIe siècle. Cette race a été créée par croisements entre des épagneuls français et divers chiens anglais. Sa robustesse légendaire le destine aux longues équipées à travers forêts ou marécages, d'autant que ce grand sportif se double d'un chasseur complet : ce chien d'arrêt excelle aussi bien à pister le gibier qu'à le rapporter.

Le montagne des Pyrénées
Conçu par Jean-Paul Véret-Lemarinier, d'après photo © Sunset
Imprimé en héliogravure
Format 26 x 36,85 mm
Valeur faciale 3,00 francs

L'épagneul breton
Conçu par Jean-Paul Véret-Lemarinier, d'après photos © Sunset et Klein-Hubert © Bios
Imprimé en héliogravure
Format 26 x 36,85 mm
Valeur faciale 4,50 francs

Avec sa taille qui peut dépasser les 80 cm et son poids qui atteint 60 kg, le chien de montagne des Pyrénées, appelé plus couramment Pyrénées, est mentionné dès le XIVe siècle. S'il est originaire de France, il possède sans doute des liens de sang avec le berger de Maremme italien, le kuvasz hongrois, le cuvac slovaque et le berger d'Anatolie. Utilisé initialement pour la garde des troupeaux, le Pyrénées faillit disparaître au début de ce siècle, avant d'être redécouvert comme chien de compagnie et de garde.

Jurade de Saint-Émilion
1199-1999

Créée au Moyen Âge, la jurade de Saint-Émilion est associée au développement d'un vignoble dédié au « nectar des dieux ».

Les chais du château Bel Air, producteur de Saint-Émilion, sont installés dans des carrières.

L'histoire de la jurade de Saint-Émilion commence en 1199 avec la signature par Jean Sans Terre de la charte de Falaise, qui confère aux bourgeois de Saint-Émilion le pouvoir d'administrer leur commune et leurs vins. Ces pouvoirs étant de nature juridique, la collectivité est appelée jurade et ses magistrats jurats. La jurade est chargée de surveiller la production et l'élaboration des vins fins. Toutes ces mesures assurent la prospérité de l'organisation jusqu'à la Révolution, date à laquelle la jurade est dissoute. Blocus pendant les guerres napoléoniennes, assauts répétés de l'oïdium puis du phylloxéra, les crises du XIXe siècle frappent durement le vignoble. Reconstituée en 1948, la jurade s'inspire des mêmes privilèges et charges que ceux d'autrefois. Elle compte aujourd'hui 2 000 membres et assure la notoriété du « roi des vins ».

Jurade de Saint-Émilion
1199-1999
Conçu par Odette Baillais
Gravé par André Lavergne
Imprimé en taille-douce
Format horizontal 22 x 36 mm
Valeur faciale 3,80 francs

Ci-dessus, le village de Saint-Émilion. À gauche, le cortège de la jurade devant les murailles du village, ruines d'un ancien couvent de frères dominicains.

Arnac-Pompadour
Corrèze

Les manifestations hippiques se déroulent sur l'hippodrome de Pompadour.

La cité d'Arnac-Pompadour s'étend au nord-ouest de la Corrèze.

Dans les frondaisons du bourg se découpe la haute silhouette de l'aile sud du château des seigneurs de Pompadour. De larges fossés et un rempart, franchis par un châtelet fortifié, protègent toujours la demeure. Les passionnés d'hippisme savent également qu'Arnac-Pompadour est le siège de l'Institut du Cheval, d'un Haras national spécialisé dans les purs-sangs anglo-arabes et chevaux de trait, ainsi que de la seule jumenterie nationale. Arnac, la voisine distante de 2 km, peut s'enorgueillir de sa remarquable église paroissiale du début du XIIe siècle. Fondé en 1028, le prieuré, accompagné d'un petit monastère, compta jusqu'à quatorze moines. Le transfert des reliques du célèbre Saint Pardoux et le statut de prévôté conféré par l'abbaye Saint-Martial de Limoges lui assurèrent un prestige qui s'épanouit aux XIIe et XIIIe siècles. Aucun bâtiment claustral ne subsistant, l'église étonne par ses vastes dimensions de forteresse aux longs murs aveugles, rythmés de contreforts massifs. Si le transept, le chœur, la remarquable sculpture des chapiteaux et une partie de l'austère décor de la façade sont de style roman limousin, les prémices du gothique se font sentir dans la voûte sur ogives de la nef et dans la forme d'arc brisé du portail. Née de l'alliance des pouvoirs temporel et spirituel, Arnac-Pompadour offre une belle synthèse de l'histoire artistique de cette région.

Ci-dessus, la jumenterie nationale. À droite, un chapiteau de l'église romane d'Arnac représentant saint Martial et saint Pierre.

Arnac-Pompadour – Corrèze
Conçu et gravé par Pierre Forget
Imprimé en taille-douce
Format horizontal 36 x 26 mm
Valeur faciale 3,00 francs

Cérès 1849-1999

Le premier timbre-poste français, orné de Cérès, a 150 ans. Qui pourrait se lasser du profil de la déesse ?

- Cérès 1849-1999
- Philexfrance 99-Paris
- Conception graphique d'Aurélie Baras
- Imprimé en héliogravure

Format vertical 36,85 x 48 mm
Bandelette attenante verticale 4 x 48 mm
Valeur faciale 6,70 francs

Cette mosaïque romaine, représentant Cérès, date du IIIe siècle.

Avant la réforme de La Poste, l'expéditeur postait ses lettres sans les affranchir et le destinataire, quand il acceptait le courrier, acquittait la redevance auprès du facteur.

Le premier timbre français, qui inaugura la grande réforme de La Poste, représente le profil de Cérès, déesse latine de la fertilité. Celle-ci symbolisait la toute jeune IIe République. Le Cérès noir, sorti des presses de l'hôtel des Monnaies de Paris, fut dessiné par Jacques-Jean Barre, graveur général. Il fut mis en vente le 1er janvier 1849 et marqua la naissance d'un nouveau système d'affranchissement : un tarif simplifié et bon marché proportionnel au poids de l'envoi, sans souci de la distance pour la France, la Corse et l'Algérie. De plus, l'expéditeur devait désormais affranchir son courrier avant de le poster. Pour célébrer le 150e anniversaire du timbre, La Poste émet cette année un carnet contenant le fameux Cérès noir et quatre Cérès rouges. Afin de lui rendre un hommage complet, elle édite un sixième timbre, combinant un subtil jeu de miroir et un hologramme, technologie résolument tournée vers l'avenir, qui laissent deviner l'antique profil.

Cérès est coiffée d'épis de blé, de pampres et de branches d'olivier ressés en une couronne. Son profil est entouré d'un cercle de perles, symbolisant la monnaie.

Cérès 1848-1999

D'après l'œuvre de Jacques-Jean Barre
Conçu par Charles Bridoux
Imprimé en héliogravure
Format du carnet 185 x 57,2 mm, composé de 5 timbres et une vignette
Valeur faciale 15,00 francs

Cathédrale d'Auch
Gers

À Auch, en pleine Renaissance, un maître verrier réalise un chef-d'œuvre au sein même de la cathédrale. Une fresque testamentaire dédiée à l'histoire du monde.

Érigée à partir de 1065, consacrée en 1121, maintes fois détruite, la cathédrale d'Auch, qui surplombe la vallée du Gers, est toujours en chantier au moment où toutes les autres cathédrales de France sont achevées. Réputée pour ses grandes dimensions, ses stalles aux mille cinq cents motifs, la richesse de son mobilier, l'édifice ressemble à un « vaisseau du Nord égaré dans le Midi ». Elle doit surtout sa célébrité aux verrières réalisées entre 1507 et 1513 par Arnaud de La Moles. Il faudra dix ans au maître verrier pour exécuter les dix-huit verrières représentant l'histoire du monde au travers des Ancien et Nouveau Testaments, des scènes répandues en France après les guerres d'Italie. Ces vitraux rassemblent ainsi dans un même espace des personnages d'origines diverses : patriarches, prophètes, apôtres et sibylles. Une galerie de personnages quelque peu inattendue, puisque la hiérarchie traditionnelle n'y est pas respectée. Des figures de la Bible côtoient celles du paganisme. Le style d'Arnaud de La Moles a été imité à de nombreuses reprises dans la région. Le maître verrier en revanche ne put plus jamais produire d'œuvres inspirées de son chef-d'œuvre d'Auch. En effet, d'après une légende locale, les commanditaires de l'édifice lui auraient fait crever les yeux pour qu'il ne puisse jamais faire mieux ailleurs ! Michel-Ange réalisa néanmoins ses fresques sur la voûte de la chapelle Sixtine à Rome en ayant en mémoire le travail d'Arnaud de La Moles.

Le chœur de la cathédrale abrite les stalles, qui sont parmi les plus belles de France avec celles d'Amiens. Elles furent commandées par le cardinal Clermont-Lodève dans la première moitié du XVIe siècle. En chêne et entièrement sculptées, elles sont constituées de cent treize sièges. Le retable compte vingt-deux colonnes de marbre bicolore de style classique. Les stalles de l'avant-chœur, de style néo-gothique, datent du XIXe siècle.

Mouvement Emmaüs 1949-1999

Créé en 1949, le mouvement Emmaüs prend tout son sens pendant le très rigoureux hiver 1954.

Tout commence en 1949 lorsque l'abbé Pierre accueille dans sa maison de Neuilly-Plaisance un homme désespéré, Georges, qui ne tient plus à la vie. La communauté Emmaüs naît de cette rencontre. Ce nom, emprunté à un petit village de la banlieue de Jérusalem où des désespérés avaient retrouvé l'espérance, est placardé sur

la maison de Neuilly-Plaisance, dans laquelle certaines nuits, une cinquantaine d'âmes trouvent refuge. Les compagnons d'Emmaüs sont aujourd'hui près de quatre mille, répartis en cent dix communautés à travers la France. Leurs membres vivent essentiellement du travail de récupération d'objets domestiques ou autres. Ouverts à tous, ces lieux de vie et de travail complètent leur action de solidarité par des aides à l'insertion et au logement.

Le demi-siècle d'existence d'Emmaüs nous rappelle que la détresse est de tous les temps, et, avec la création d'Emmaüs International, qu'elle est de tous les pays.

Mouvement Emmaüs 1949-1999
Mis en page par l'agence Pascale Pichot d'après une photo de Jean-Noël Reichel © Pix
Imprimé en héliogravure
Format horizontal 36 x 22 mm
Valeur faciale 3,00 francs

René Caillié
1799-1838

Aventurier, explorateur, naturaliste, René Caillié a un but : être le premier à atteindre Tombouctou et à en revenir vivant.

Pendant longtemps, seules les côtes de l'Afrique ont été connues des Occidentaux. Au XIXe siècle, les tentatives pour pénétrer le cœur de ce continent se multiplient. Ainsi, la Société de géographie promet une récompense à celui qui atteindra Tombouctou et en reviendra sain et sauf.
René Caillié quitte donc sa Charente natale le 27 avril 1816 et s'embarque pour le Sénégal. Dakar, Saint-Louis, Gorée, puis la Guadeloupe, sont les premières étapes des aventures de ce jeune voyageur. De retour en Afrique en 1818, il participe à une expédition au cours de laquelle il tombe malade. Il rentre alors en France, mais ne perd pas son objectif de vue : il repart pour l'Afrique occidentale en 1824 en quête de la mystérieuse cité malienne. Cette fois, il voyage seul et pénètre dans Tombouctou le 20 avril 1828, après plusieurs mois de voyage. La déception est au rendez-vous : « Tombouctou n'offre au premier aspect qu'un amas de maisons en terre mal construites », écrit-il. Il passe deux semaines dans la capitale du sel avant de retraverser le désert. Rentré en France, il reçoit le prix de la Société de géographie et s'installe en Saintonge.

René Caillié 1799-1838
- Conçu par Marc Taraskoff
- Gravé par André Lavergne, d'après un portrait sur toile (1830) appartenant à la Société de géographie de Paris
- Imprimé en taille-douce
- Format horizontal 36 x 22 mm
- Valeur faciale 4,50 francs

René Caillié apprend la langue et les coutumes locales. Habillé en Arabe, il se fait appeler Abd Allah.

En 1830, il fait paraître *Le Journal d'un voyageur*, dans lequel il donne une description précise de Tombouctou (en fond).

Figeac
Lot

De ses riches heures, Figeac a conservé un patrimoine dont la notoriété dépasse largement la vallée du Lot.

Figeac-Lot
Conçu et gravé par Ève Luquet
Imprimé en taille-douce
Format vertical 26 x 36 mm
Valeur faciale 3,00 francs

Une reproduction géante de la pierre de Rosette, déchiffrée par Jean-François Champollion (ci-dessus)au début du XIXe siècle, recouvre le sol de la place des Ecritures.

Tout au long de son histoire, Figeac a su tirer profit de sa situation géographique : un carrefour entre Europe du Nord et Méditerranée aux confins du Rouergue, de l'Auvergne et du Quercy. Une halte naturelle sur le chemin de Compostelle et sur la route de l'étain, ancrée en pays d'oc. Au XIVe siècle, la ville est à son apogée : maisons romanes, ogives gothiques, hôtels aux façades de grès, colombages, témoignent du développement de la cité. Signe des temps : Philippe le Bel autorise les Figeacois à battre monnaie. Guerres, Révolution et Empire y laisseront successivement leur empreinte. Aujourd'hui, l'hôtel de la Monnaie, qui abrite le musée de la ville, symbolise l'épopée de Figeac. Et la maison natale de Champollion rappelle que le plus illustre des Figeacois a décrypté les hiéroglyphes à partir de la pierre de Rosette.

Astérix
Journée du Timbre 1999

Le timbre a choisi, pour célébrer sa Journée 1999, une vedette du 9e art : Astérix, le Gaulois préféré des Français.

La bande dessinée s'est imposée comme moyen d'expression universel. Elle est aujourd'hui totalement en phase avec notre époque. Dans la première BD, *La Famille Fenouillard*, textes et images sont séparés, mais jouent les uns avec à les autres. Petit à petit, le texte s'incorpore à l'image. Les bulles contenant le texte et les onomatopées apparaissent en 1900. Pour la Journée du Timbre qui a eu lieu le 6 mars 1999, La Poste a choisi un célèbre personnage de BD, cher au cœur des Français : Astérix le Gaulois, spécialiste des missions périlleuses, qui tire sa force d'une potion magique fabriquée par le druide Panoramix. *Astérix*, conçu par Uderzo et Goscinny, est une série qui paraît en 1959 dans le journal *Pilote*. Elle remporte rapidement un succès fou auprès de la jeunesse française, pour devenir en quelques années un véritable phénomène de société. *Astérix* va d'ailleurs obtenir le record de vente d'albums

Château du Haut-Kœnigsbourg
Bas-Rhin

Après un passé très agité, le château du Haut-Kœnigsbourg est aujourd'hui l'un des monuments historiques les plus visités de France.

Entre ciel et terre, à plus de 700 mètres d'altitude, construit sur un éperon rocheux des Vosges, le château du Haut-Kœnigsbourg garde la plaine d'Alsace depuis le XIIe siècle. Érigé par Frédéric Le Borgne, duc de Bavière, le château devient propriété des ducs de Lorraine au XIIIe siècle, puis celle de l'évêque de Strasbourg. Agrandie et réarmée, la forteresse est cependant pillée puis abandonnée au début du XVIIe siècle. Détruit pendant la guerre de Trente ans, avant de revenir à la France par le traité de Wesphalie, le château est acquis par la ville de Sélestat en 1865. Lieu mythique et romantique au XIXe siècle, la forteresse revient à l'Empire germanique en 1871 et est restaurée par Guillaume II. Rattachée définitivement à l'Alsace, elle devient Monument historique en 1933.

Le château est aussi célèbre pour ses objets, dont cet étonnant poêle (ci-dessus, à droite), ses meubles et ses collections d'armes, découverts au cours des campagnes de fouilles menées sur le site.

Le château a servi de décor naturel au film *La Grande Illusion* de Jean Renoir en 1937.

Château du Haut-Kœnigsbourg – Bas-Rhin
- Conçu par Serge Hochain d'après photo © Airdiasal/Rothan
- Mis en page par Charles Bridoux
- Gravé par Claude Jumelet
- Imprimé en taille-douce
- Format horizontal 22 x 76 mm
- Valeur faciale 3,00 francs

1810-1849

Nul musicien ne sut mieux « faire chanter le piano » que Frédéric Chopin.

C'est à Varsovie, où Frédéric Chopin naît en 1810 d'un père français et d'une mère polonaise, que débute sa fulgurante carrière. Il s'initie au clavier dès sa plus tendre enfance, grâce aux leçons de sa mère. Dès l'âge de 8 ans, il donne des concerts. Il n'a pas 20 ans quand, encore élève au Conservatoire, il connaît ses premiers succès de virtuose et signe ses premiers chefs-d'œuvre. En 1830, il quitte Varsovie pour un voyage d'études, juste avant l'insurrection nationale dont l'échec l'éloignera définitivement de la Pologne. La France sera désormais sa patrie. Il conquiert Paris dès son premier concert. Il y fréquente les salons et rencontre l'écrivain George Sand avec qui il aura une liaison. Discret et réservé, il met toute son audace dans son œuvre. Malgré une santé fragile, il s'épuise en voyages et meurt à Paris en 1849.

Dans l'appartement de Chopin, square d'Orléans à Paris : son piano Pleyel et la partition de la *Berceuse* (op. 47). En haut, portrait de Frédéric Chopin par Eugène Delacroix

Frédéric Chopin 1810-1849
Œuvre d'Andrzej Heidrich
Gravée par Pierre Albuisson
Imprimé en taille-douce
Format horizontal 36 x 26 mm
Valeur faciale 3,80 francs

Comtesse de Ségur
Les Petites Filles modèles

Le monde de l'enfance mis en scène par la comtesse de Ségur continue de faire recette.

Comtesse de Ségur
Les Petites Filles modèles
Conçu par Danièle Bour
Mis en page par Charles Bridoux
Imprimé en héliogravure
Format vertical 26 x 36 mm
Valeur faciale 3,00 francs

Sophie de Ségur, de son nom de jeune fille Sofija Rostopchina, est née à Saint-Pétersbourg en 1799. Elle est la fille du comte Rostopchine, ministre du tsar Paul Ier. Tombée en disgrâce, la famille s'installe à Paris en 1817. Deux ans plus tard, Sophie épouse Eugène de Ségur. La comtesse achète le domaine des Nouettes, un château situé dans l'Orne. Ce lieu va devenir le cadre de sa vie d'écrivain, où elle se consacre à l'éducation de ses enfants. Ses « compositions nigaudes », comme elle les appelait, dénotent une connaissance de la psychologie et de la façon de s'exprimer des enfants. Son premier roman, *Les Petites Filles modèles*, a pour héroïnes Camille et Madeleine d'Ayguesvives de Malaret, inspirées des filles de la comtesse. Ses récits les plus célèbres sont *Les Malheurs de Sophie* (1864), *Le Général Dourakine* (1864) et *Un bon petit diable* (1865).

Les romans de la comtesse de Ségur étaient souvent illustrés de vignettes (à droite).

Claude Monet
Nymphéas, effet du soir

Une série de grandes décorations, restituant le calme, les floraisons étalées et la transparence des profondeurs. Une histoire de nénuphars devenue histoire de l'art.

En 1874, Claude Monet expose dans les ateliers du photographe Nadar en compagnie de quelques amis, dont Cézanne, Degas, Berthe Morisot, Pissarro, Renoir et Sisley. L'histoire veut que l'un de ses tableaux, *Impression soleil levant*, moqué et décrié sous la plume d'un obscur journaliste, soit à l'origine du nom donné au mouvement impressionniste, dont l'artiste fut l'incontestable chef d'école. Cherchant avant tout à rendre ce qu'il appelait lui-même « l'instantanéité », Monet peint par touches fragmentées de couleur pure et tente de saisir les aspects les plus éphémères et les plus fugaces de la lumière, de l'air, du vent ou du soleil. Allant plus loin, pour capter au plus près cette vérité visuelle fugitive sans cesse renouvelée au fil des heures et des saisons, le peintre devait entreprendre de travailler par séries comme ce fut le cas pour les *Cathédrales de Rouen*, les *Peupliers* ou encore les *Meules*. En 1890, Monet, qui résidait déjà à Giverny, fait l'acquisition de sa maison. Il crée alors de toutes pièces le cadre qui, jusqu'à la fin de sa vie, va devenir son modèle privilégié. Couronnement d'une vie de recherches en rupture avec la tradition académique, les dernières œuvres du peintre sont mal perçues par la critique et c'est grâce au soutien de Georges Clemenceau que Monet pourra faire don à l'État de la série des *Nymphéas* installée à l'Orangerie des Tuileries.

Claude Monet
Nymphéas, effet du soir
Œuvre mise en page par Charles Bridoux
Imprimée en offset
Format horizontal 48 x 36,85 mm
Valeur faciale 6,70 francs

Poursuivant sa quête de la lumière, Monet supprime peu à peu toute notion de symétrie et de perspective. Il fait exploser la couleur au détriment de la forme et pour finir s'attache aux seules vibrations lumineuses que le miroitement de l'eau est susceptible de transmettre.

À Giverny, Monet compose de somptueux massifs à partir des fleurs et des plantes les plus rares. Il fait construire un petit pont pour enjamber l'étang où s'étalent des nénuphars aux larges feuilles flottantes, dont le peintre va multiplier les études, sous le nom de *Nymphéas*.

Atget
1857-1927

Atget, photographié par l'Américaine Berenice Abbott en 1927 (ci-dessous), a fait de Paris son atelier. À droite, le guignol du jardin du Luxembourg en 1899.

Atget
D'après photo d'Atget © Photothèque des Musées de la ville de Paris,
Mis en page de Claude Andréotto
Imprimé en héliogravure
Format horizontal 22 x 36 mm
Valeur faciale 3,00 + 0,60 francs

Atget le méconnu, Atget l'insaisissable, y compris dans sa biographie qui fut reconstituée tardivement. Après plusieurs tentatives pour devenir peintre, il se lance dans la photographie en 1890. Il prend Paris pour sujet, commence une série de clichés consacrés aux scènes quotidiennes et aux mœurs de la capitale et réunit un ensemble de photos sur l'architecture dans son ouvrage *Le Vieux Paris*. Atget s'affranchit des prises de vue traditionnelles et développe au fil des années un style et une vision imprégnés de réalisme. Loin des modes, il arpente les rues et élabore un inventaire unique de lieux, de recoins, d'objets familiers. Ces travaux accomplis dans la lumière du matin décrivent ce que Pierre Mac Orlan a défini comme « une œuvre loyale avant tout ».

Nadar
1820-1910

Passionné par la navigation aérienne, Nadar s'est photographié dans une nacelle de ballon avec sa femme (ci-dessus). À gauche, l'un des portraits que fit Nadar de son fils Paul. Ce dernier reprit l'atelier de son père, situé boulevard des Capucines.

Gaspard Félix Tournachon fait ses débuts comme commis libraire et feuilletonniste. À 21 ans, il dessine et écrit pour plusieurs journaux sous le pseudonyme de Nadar. En 1856, il est à la tête de trois journaux et d'un atelier photographique. Deux ans plus tard, il réussit la première photographie aérienne de l'histoire et met au point l'éclairage artificiel qui permet de photographier la nuit. En 1863, il se passionne pour la navigation aérienne. Dans *De la Terre à la Lune*, Jules Verne fait de lui l'un de ses héros, sous le nom de Michel Ardan. Surtout connu pour être l'un des pionniers du portrait photographique, il se consacre de 1901 à sa mort en 1910, à son livre *Baudelaire intime*.

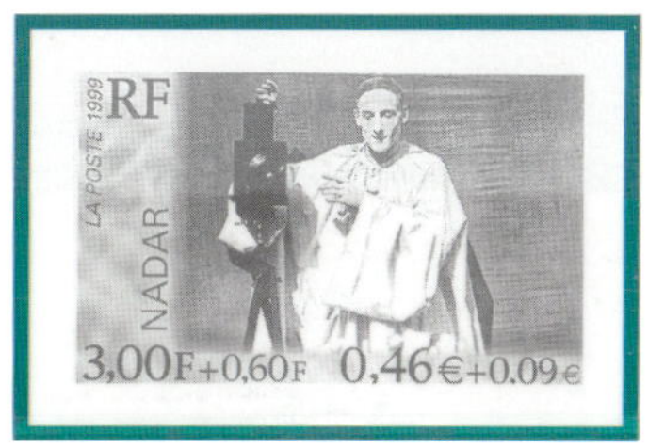

Nadar
D'après photo de Nadar © photothèque des Musées de la ville de Paris
Mis en page de Claude Andréotto
Imprimé en héliogravure
Format horizontal 22 x 36 mm
Valeur faciale 3,00 + 0,60 francs

Lartigue
1894-1986

Jacques-Henri Lartigue découvre la photographie dès l'âge de six ans. Très tôt, il tient un journal et entreprend une autobiographie ponctuée d'images et de récits consignés dans une série d'albums. Dans les années 1930, il vit de sa peinture et se lance dans la décoration intérieure pour les galas organisés à Cannes, La Baule et Lausanne. Issu de la bourgeoisie, il en a fait le portrait tout au long de sa vie. En 1955, ses photographies de Picasso et de Cocteau à Vallauris sont publiées dans le monde entier, mais Lartigue ne sera reconnu comme photographe qu'au moment de la rétrospective que lui consacrent le musée d'Art moderne de New York en 1963, et le musée des Arts décoratifs à Paris en 1975. Passionné de cinéma, il photographie les tournages de films de Bresson, Truffaut, Fellini,… En 1979, il décide de léguer son œuvre à l'État français : 130 albums mis en page et légendés et environ 100 000 documents originaux noirs et blancs.

En haut, portrait de Jacques-Henri Lartigue en 1926 à Paris. Ci-dessus, scène de plage à Trouville en 1906.

Lartigue
D'après photo de Lartigue © ministère de la Culture-France/AAJHL
Mise en page de Claude Andréotto
Imprimé en héliogravure
Format horizontal 22 x 36 mm
Valeur faciale 3,00 + 0,60 francs

Brassaï
1899-1984

Surnommé « œil vivant » par son ami Henri Miller, Gyula Halász, né à Brasov en Hongrie, devient Brassaï en hommage à sa ville natale. Après des études aux Académies des beaux-arts de Budapest et de Berlin, Brassaï s'installe à Paris en 1924 et devient correspondant d'un journal sportif hongrois et de plusieurs magazines allemands. En 1932, il publie *Paris de nuit* et évolue en marge du groupe surréaliste. Brassaï choisit de défendre le concept de photographie-témoignage sur le vif par opposition à celui de photographie esthétisante. Il fera tout naturellement de Paris sa source d'inspiration permanente. Après la guerre, il réalise des décors photographiques pour le théâtre. Dans les années 1970, il participe à des expositions en France et aux États-Unis, avant de publier *Paris secret des années trente* en 1976 et *Les Artistes de ma vie* en 1978.

Photographe de la nuit et des noctambules, Brassaï fait en 1932 son autoportrait nocturne devant son appareil (en haut). Ci-dessus, André et Paulette (1949).

Brassaï
D'après photo de Brassaï
© Gilberte Brassaï, 1999
Mise en page de Claude Andréotto
Imprimé en héliogravure
Format horizontal 22 x 36 mm
Valeur faciale 3,00 + 0,60 francs

Doisneau
1912-1994

Élève de l'école Estienne, Robert Doisneau acquiert une formation de lithographe. Il apprend les subtilités de la photographie sur le terrain. Salarié des usines Renault en 1934 en qualité de photographe, il fixe grâce à son objectif les ouvriers dans leur univers de travail. Cinq ans plus tard, il devient photographe indépendant et rejoint l'agence Rapho. Ami de Blaise Cendrars qui est à l'origine de son premier livre *La Banlieue de Paris*, et de Jacques Prévert avec lequel il arpente inlassablement les rues de la capitale, il rencontre aussi Picasso. En 1951, l'exposition autour de son travail organisée au musée d'Art moderne de New York lui apporte une renommée internationale. Son style en noir et blanc, fait de personnages modestes surpris dans leurs attitudes et dans leurs gestes quotidiens, s'inscrit depuis lors dans la mémoire collective.

En haut, portrait de Robert Doisneau par Peter Hamilton en 1992. Ci-dessus, enfants de la rue des Peupliers dans le 13e arrondissement de Paris en 1936.

Doisneau
D'après photo © Robert Doisneau/Rapho
Mise en page de Claude Andréotto
Imprimé en héliogravure
Format horizontal 22 x 36 mm
Valeur faciale 3,00 + 0,60 francs

Cartier-Bresson
1908

Ci-dessous, portrait d'Henri Cartier-Bresson par sa femme, Martine Franck. Ci-contre, enfants devant le mur à Berlin Ouest en 1962.

Très jeune, Henri Cartier-Bresson se passionne pour la peinture et fréquente l'atelier d'André Lhote. En 1928, cette passion le conduit jusqu'au Cambodge où il étudie la peinture et la littérature. En 1931, il se lance dans le photojournalisme et part à la découverte du monde. L'Inde, la Chine, l'Union soviétique, le Mexique, l'Indonésie le fascinent. Avec son célèbre Leïca, il pratique, à l'instar des surréalistes qu'il fréquente, une écriture automatique appliquée au monde de l'image. « Photographier, dit-il, c'est mettre sur une même ligne de mire la tête, l'œil et le cœur. La photographie est une façon de vivre. » Depuis 1974, celui qui a donné une nouvelle dimension à la photographie se consacre tout particulièrement au dessin.

Cartier-Bresson
D'après photo © Henri Cartier-Bresson/Magnum Photo
Mise en page de Claude Andréotto
Imprimé en héliogravure
Format horizontal 22 x 36 mm
Valeur faciale 3,00 + 0,60 francs

Déclaration universelle des droits de l'homme
1948-1998

Le 10 décembre 1948, cinquante-huit États membres de l'Assemblée générale des Nations unies adoptaient la Déclaration universelle des droits de l'homme.

La Déclaration universelle des droits de l'homme, qui a 50 ans, fut rédigée par René Cassin et Éléonore Roosevelt au lendemain de la Deuxième Guerre mondiale. Elle est composée de trois éléments : la Déclaration proprement dite ; les pactes internationaux relatifs aux droits de l'homme en vertu desquels les États adhérents s'engagent à garantir le plein exercice de toute une série de droits ; le protocole facultatif qui permet à toute personne qui s'estime victime d'une violation de l'un des droits stipulés dans le pacte de s'adresser directement au Comité des droits de l'homme des Nations unies. Largement inspiré de la Déclaration de 1789, ce texte fondateur fut signé au Palais de Chaillot, à Paris. Le respect des droits de l'homme étant un défi majeur pour le siècle à venir, La Poste a émis deux timbres pour commémorer ce 50e anniversaire.

Déclaration universelle des droits de l'homme
Composition graphique d'Aurélie Baras d'après photos éditeur PhotoDisc (visages), éditeur Digital/Vision (sphère terrestre), La Documentation française (Palais de Chaillot), Franklin et Éléonore Roosevelt Institute (portrait d'Éléonore Roosevelt), fond personnel de la famille (portrait de René Cassin)
Imprimés en offset
Formats verticaux
36,85 x 48 mm
Valeurs faciales 3,00 francs

Le droit des enfants et des femmes, ainsi que la lutte contre l'esclavage moderne sont au cœur des préoccupations de la Déclaration universelle des droits de l'homme. À gauche, l'*Esclave rebelle* de Michel-Ange. Ci-contre, enfants au travail en Colombie.

Recensement de la population

Le recensement de la population est l'une des sources statistiques essentielles pour l'analyse démographique, économique, et administrative.

Recensement de la population
Conçu par l'agence
Dragon Rouge
Imprimé en héliogravure
Format vertical 26 x 36 mm
Valeur faciale 3,00 francs

Les techniques d'enregistrement des informations ont évoluées au fur et à mesure des recensements (à gauche, les rouleaux de Bitterer utilisés pour le recensement de 1906).

Le premier recensement moderne français eut lieu en 1801. En 1822, on adopta le principe d'un recensement quinquennal, puis en 1851, la population fut comptabilisée par tranches d'âge. Toutes ces modifications ont permis d'accroître et d'affiner les renseignements recueillis. Elles ont fait des recensements des bases d'informations qui éclairent le choix et l'action des gouvernements, des agents économiques, des partenaires sociaux en matière de rénovation urbaine, de politique de l'emploi, de protection sanitaire… Le 33e recensement a eu lieu en mars 1999. Pour la première fois, les questionnaires ont fait l'objet d'une saisie par lecture automatique réalisée par La Poste. Ces données offrent une photographie de la société française à l'aube du troisième millénaire.

Chefs-d'œuvre de l'art

Philexfrance 1999

Pour créer le deuxième bloc Philexfrance 99, La Poste a choisi trois œuvres illustrant, sous la protection de la déesse égyptienne Bastet, le fil conducteur du dernier Mondial du Timbre de ce millénaire : « Le timbre, véhicule du temps, de l'espace et de l'émotion ».

Qu'y a-t-il de commun, outre leur beauté, entre la *Vénus de Milo*, marbre grec du IIe siècle av. J.-C., la *Mona Lisa* au mystérieux sourire que peignit le Florentin Léonard de Vinci en 1506, et le drapeau de 1830 surgissant dans la fumée de la poudre sur le pavé des barricades célébré par Delacroix ? Ces trois chefs-d'œuvre ont été choisi pour rendre hommage, comme il se doit, à la plus importante manifestation philatélique de cette fin de siècle, l'exposition Philexfrance, Mondial du Timbre, qui s'est tenue à Paris du 2 au 11 juillet 1999.

Le bloc de timbres édité à cette occasion célèbre également le 150e anniversaire du premier timbre-poste français. Ainsi, la déesse égyptienne Bastet, de la cité de Bubastis (1070-767 av. J.-C.), et Cérès, qui figure en filigrane, veillent sur les trois œuvres sélectionnées. La *Vénus de Milo* a été découverte, brisée, en 1820 dans les ruines de l'antique cité cycladique de Milos. L'illustre marbre est conservé au département des Antiquités grecques, étrusques et romaines du Louvre. Le portrait de Lisa Gherardini del Giocondo,

La *Vénus de Milo* et *La Joconde* ont inspiré de nombreux artistes, dont Yves Klein (ci-dessous) et Andy Warhol (page de droite).

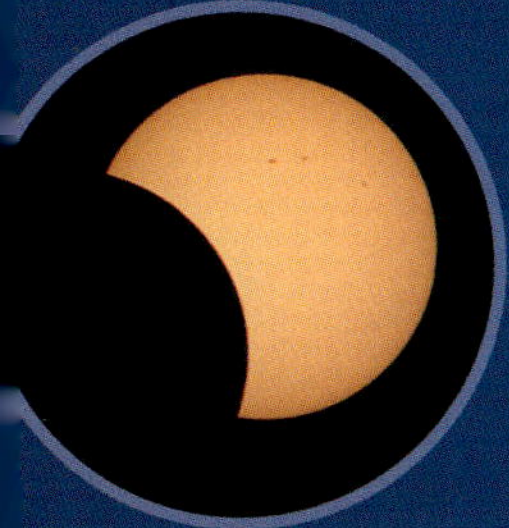

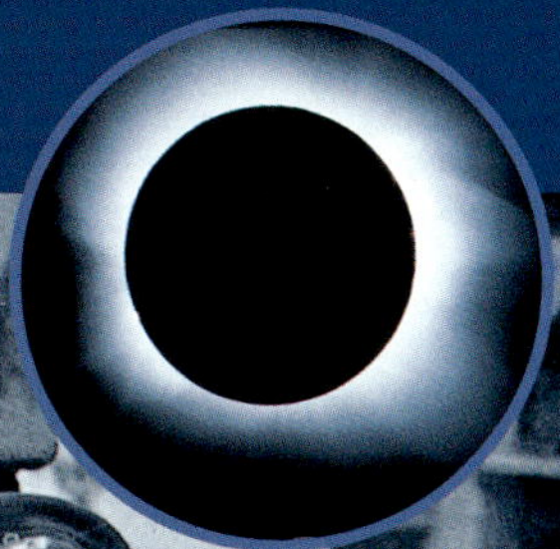

Le Petit Journal

SUPPLÉMENT ILLUSTRÉ

DIMANCHE 21 AVRIL 1912

1724 — 1912

CEUX QUI VIRENT L'ÉCLIPSE DE 1724
CEUX QUI VEULENT VOIR CELLE DE 1912

Éclipse de Soleil

11 août 1999

Le 11 août 1999, le Soleil a eu rendez-vous avec la Lune.

On a assisté ce jour-là à une éclipse totale de Soleil pendant 2 min 19 s. Sur un axe nord-ouest/sud-est, cette brève disparition de l'astre fut observée dans dix-sept départements français, de la Manche au Bas-Rhin. En France, la dernière éclipse totale remonte à 1961, et il faudra attendre 2081 pour assister à un nouvel alignement parfait du Soleil, de la Lune et de la Terre. Une dizaine de minutes avant une éclipse totale, le ciel s'assombrit, la température baisse, les animaux montrent des signes d'agitation. La nuit s'installe. Puis brutalement le jour revient. On imagine sans peine la frayeur que ce phénomène pouvait causer chez les Anciens. Aujourd'hui encore, certaines pratiques superstitieuses prouvent qu'une éclipse n'est pas un moment anodin. Et notamment pour les yeux ! Afin de ne pas gâcher cet événement par un moment d'insouciance, il ne faut surtout pas oublier de les protéger grâce à des lunettes filtrantes spéciales.

Éclipse de Soleil
Conçu par Jean-Paul Cousin
Imprimé en héliogravure
Format carré 36 x 36 mm
Valeur faciale 3,00 francs

L'Euro
Conçu par Jean-Paul Cousin
Gravé par Jacky Larrivière
Imprimé en taille-douce
Format vertical 15 x 22 mm
Valeur faciale 3,00 francs

L'euro

Pour célébrer la mise en service de la nouvelle monnaie, La Poste a lancé le premier timbre en euro au début de l'année.

Le 1er janvier 1999, l'euro est devenu officiellement la monnaie de onze pays et celle de près de 300 millions d'habitants. La parité entre l'euro et les monnaies des pays participants a été fixée et les capitaux ont basculé en euros. Si les quinze pays de l'Union européenne ont vocation à adopter la nouvelle monnaie, tous ne sont pas entrés dans la zone euro en début d'année. En effet le respect des « critères de convergence » contenus dans le traité de Maastricht est un préalable indispensable pour les candidats à l'euro : stabilité des changes, finances publiques durablement assainies, stabilité des prix, convergence des taux d'intérêt. La Grèce, qui ne répondait pas à ces critères, n'a pas été retenue, tandis que la Grande-Bretagne, le Danemark et la Suède ont choisi de différer leur entrée dans la zone. Une période transitoire, qui va jusqu'au 1er janvier 2002, permettra à chacun de se préparer au passage à la nouvelle

monnaie. Pendant ce temps, 70 milliards de pièces et 13 milliards de billets vont être fabriqués. À la fin de cette période, les prix seront définitivement affichés en euros. Le franc perdra son cours légal après une période de double circulation du franc et de l'euro. Ensuite, il nous sera cependant possible d'échanger nos pièces en francs auprès des banques pendant une année, et nos billets auprès de la Banque de France pendant dix ans.

Hôtel de la Monnaie

Paris

Plus qu'un monument, l'Hôtel de la Monnaie de Paris est aussi un lieu vivant où s'exprime le savoir-faire d'un ensemble de métiers d'art.

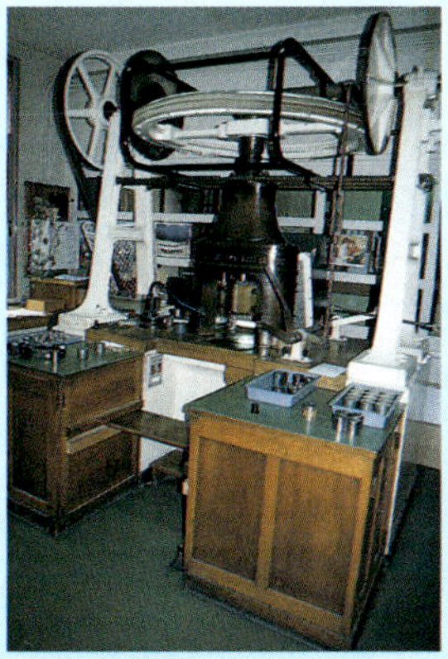

Le balancier d'Austerlitz a été fondu en 1810 avec le bronze des canons pris aux Russes lors de la bataille du même nom. Il sert à « l'enfonçage » des instruments monétaires.

L'Hôtel de la Monnaie de Paris frappe les monnaies françaises depuis douze siècles. La configuration actuelle du monument a été définie en 1768 par Louis XV qui ordonna la construction d'un nouvel Hôtel de la Monnaie sur le site des anciens hôtels de Conti. Achevée en 1777, la Monnaie s'établit dans ce nouvel hôtel sous la direction de l'abbé Terray, contrôleur général des finances. En 1973, un nouvel établissement monétaire est installé à Pessac en Gironde. Le quai de Conti continue cependant d'accueillir les ateliers de fabrication des monnaies en métaux précieux, des médailles, des bijoux et bronzes d'art, où maîtres-graveurs, estampeurs, fondeurs d'art et l'ensemble des corps de métier de la Monnaie de Paris exercent leur talent. L'hôtel du quai de Conti abrite un musée qui conserve plus de 300 000 monnaies et 75 000 médailles.

Hôtel de la Monnaie – Paris
- Conçu par René Quillivic
- Gravé par Czeslaw Slania
- Imprimé en taille-douce
- Format horizontal 36 x 22 mm
- Valeur faciale 4,50 francs

Relations diplomatiques France-Israël

1949-1999

Cinquante ans de relations ponctuées de temps forts et d'échanges.

Le 19 janvier 1949, la France annonce, par la voix de son porte-parole François Mitterrand, qu'elle reconnaît le gouvernement provisoire de l'État d'Israël. Le 11 mai de la même année, le gouvernement français approuve la candidature d'Israël à l'ONU. Dix jours plus tard, il admet officiellement l'existence juridique du nouvel État. Depuis, des relations intenses se sont tissées en dépit des divergences apparues à certaines époques. La France est aujourd'hui le troisième partenaire d'Israël dans le domaine de la coopération scientifique et technique, et la première destination touristique des Israëliens. Les Français arrivent en tête des immigrants d'origine occidentale s'installant en Israël. Près d'un Israëlien sur cinq parle ou comprend le français, ce qui fait d'Israël le deuxième pays francophone du Moyen-Orient après le Liban. L'importance des relations franco-israëliennes a été soulignée par la présence des plus hautes autorités françaises, dont le président de la République, à la manifestation organisée le 30 avril 1998 pour le 50e anniversaire de la fondation de l'État d'Israël. Ces rencontres ont été l'occasion de marquer l'engagement de la France en faveur d'une paix durable au Moyen-Orient.

Relations diplomatiques France-Israël 1949-1999
Conçu par Jean-Paul Cousin
Imprimé en héliogravure
Format vertical 22 x 36 mm
Valeur faciale 4,40 francs

Enfants signant une réplique de la déclaration d'indépendance d'Israël devant la maison où Ben Gourion, Premier ministre, déclara la création du pays il y a cinquante ans.

Union mondiale pour la nature
1948-1998

Née en 1948 à Fontainebleau, l'Union mondiale pour la nature a fêté l'année dernière son demi-siècle d'existence.

Ci-dessus : désert australien. Ci-contre : forêt subtropicale pluvieuse.

La mission de l'Union mondiale pour la nature (UICN) est « d'influencer les sociétés du monde entier, de les encourager, de les aider pour qu'elles conservent l'intégrité et la diversité de la nature, et qu'elles veillent à ce que toute utilisation des ressources naturelles soit équitable et écologiquement durable » selon les termes de la présidente Yolanda Kakabadse. Les compétences de l'UICN s'étendent non seulement aux domaines de la protection (les listes rouges de l'UICN sur les espèces menacées font autorité en la matière), mais aussi aux stratégies de conservation et de gestion des ressources naturelles, en englobant les questions économiques et sociales découlant de la mondialisation. Le but de l'UICN est de garantir qu'il fera toujours bon vivre sur notre Terre et que celle-ci sera en mesure de nourrir tous ses habitants, dans un cadre préservé et riche de vie.

Union mondiale pour la nature 1948-1998
- Conçu par Pascale Pichot
- Format horizontal 26 x 36 mm
- Imprimé en offset
- Valeur faciale 3,00 francs

Bonnes vacances
Vive les vacances

La Poste continue de célébrer les temps forts de notre quotidien et de notre intimité.

Bonnes vacances
Conçu par l'agence Dragon Rouge
Imprimé en héliogravure
Format horizontal 36 x 22 mm
Valeur faciale 3,00 francs

Vive les vacances
Conçu par Guy Coda
Imprimé en héliogravure
Format vertical 22 x 36 mm
Valeur faciale 3,00 francs

La victoire électorale du Front populaire en 1936 entraîne la signature des accords de Matignon accordant quinze jours de congés payés à tous les Français. En réalité, les administrations et un certain nombre d'entreprises accordaient déjà des jours de repos à leurs salariés, mais le principe du repos annuel prend à cette date un caractère légal. Il faut ensuite attendre vingt ans pour que ces quinze jours deviennent trois semaines. Petit à petit ce nombre augmente, pour atteindre trente jours en 1982 : la cinquième semaine de congés payés, qui doit obligatoirement être prise en hiver, est votée. Mer, montagne, campagne sont alors autant d'occasions d'envoyer des nouvelles à ceux qui sont restés à la maison ou qui sont partis ailleurs…

Joyeux anniversaire

Grâce au timbre qu'elle a émis cette année, La Poste nous permet de marquer le temps, qui passe inéluctablement, et de célébrer une naissance, un commencement, une date particulière grâce un mot ou à une lettre.

Fêtes de fin d'année

Joyeux Noël, bonne année… Cette période de l'année est l'un des moments où l'on s'écrit le plus… Échanges de vœux, souhaits pour l'année à venir, la coutume des cartes de fin d'année est une tradition anglo-saxonne qui a gagné le monde entier.

Joyeux anniversaire
Conçu par l'agence Dragon Rouge
Imprimé en héliogravure
Format horizontal 36 x 22 mm
Valeur faciale 3,00 francs

Meilleurs vœux 2000
Conçu par Dominique Chan
Imprimé en héliogravure
Format vertical 22 x 36 mm
Valeur faciale 3,00 francs

Meilleurs vœux 2000
Conçu par Patrick Martin
Imprimé en héliogravure
Format horizontal 22 x 36 mm
Vignette 16 x 22 mm
Valeur faciale 3,00 francs

Coupe du monde de rugby

1999

La finale de la quatrième Coupe du monde de Rugby, qui a eu lieu le 6 novembre 1999, a témoigné de la popularité croissante du ballon ovale.

L'organisation de la première Coupe du monde de Rugby remonte à 1987. Elle se tint cette année-là en Nouvelle-Zélande et en Australie, et mit aux prises seize équipes nationales, sans épreuves de qualification. Le 20 juin, le Nouvelle-Zélande, forte de ses mythiques All Blacks, battit la France en finale. La deuxième édition, en 1991, se déroula en Angleterre, en Irlande et en France. La compétition comprenait cette fois une phase de qualification à laquelle participa trente-deux pays. L'Australie l'emporta sur l'Angleterre, et la France termina à la quatrième place. En 1995, l'Afrique du Sud accueillit seule la Coupe du Monde et remporta le championnat face à la Nouvelle-Zélande. En 1999, la quatrième édition de cette compétition eut lieu entre l'Angleterre, l'Irlande, l'Écosse, le Pays de Galles et la France. Soixante-cinq équipes avaient participé dès 1996 aux épreuves de qualification organisées en cinq zones géographiques : Afrique, Amérique, Asie, Europe et Pacifique. Elles furent vingt, et non plus seize comme lors des éditions précédentes, à participer au tournoi final. Les équipes furent réparties en cinq poules et disputèrent quarante-et-un matches. La France accueillit six matches de la poule C et l'un des quarts de finale au Stade de France. La finale eut lieu le 6 novembre au Mullenium Stadium de Cardiff au Pays de Galles.

Coupe du monde de rugby 1999
Conçu par l'Agence Desdoigts et associés
Imprimé en héliogravure
Format ovale 37 x 23 mm
Valeur faciale 3,00 francs

La mêlée permet de relancer le jeu. Elle est formée par les deux lignes d'avant de chaque équipe (à gauche). L'essai consiste à aller déposer le ballon derrière la ligne de but adverse (ci-dessous).

La légende dit que le rugby est né en 1823, le jour où William Webb Ellis, élève de l'école de Rugby, commit une infraction aux règles du football en s'emparant du ballon à la main. Le nouveau jeu était créé !

Célébration de l'an 2000

« En 2000 : la France, l'Europe, le Monde, un nouveau souffle. » Voici le mot d'ordre du passage au troisième millénaire.

Célébration de l'an 2000
Conçu par © Intégral Ruedi Baur et associés
Imprimé en héliogravure
Format horizontal 26 x 36 mm
Valeur faciale 3,00 francs

La Mission pour la Célébration de l'an 2000 place le franchissement du troisième millénaire sous le signe du mouvement, de l'échange, du dialogue sans frontière. Ainsi, un appel à des projets, lancé en 1997, a suscité la création de plus de 1 500 propositions de particuliers et d'associations. Parmi les projets lauréats : la création d'un journal lycéen mondial, un périple à la voile pour les enfants autour du monde dans le sillage de Magellan, etc. Le passage à l'an 2000 incite aussi à la réflexion sur les mutations du savoir, des économies, des organisations sociales et des identités : des « Forums de l'an 2000 » se déroulent dans toute la France jusqu'à la fin de l'année 1999. Et puis, il y aura la fête : guinguettes ou défilés, feux d'artifice, bals, spectacles… À chacun sa manière de célébrer comme il l'entend la naissance d'un nouveau millénaire.

Dessine-moi l'an 2000

L'Association pour le Développement de la Philatélie, avec l'accord de l'Éducation nationale, a organisé un concours sur ce thème auprès des élèves de CM1-CM2.

Dessine-moi l'an 2000
Dessin de Morgane Toulouse
Mis en page par Charles Bridoux
Imprimé en héliogravure
Format horizontal 27 x 48 mm
Valeur faciale 3,00 francs

Dessin de
éphanie Bernet

Dessin de
Guillaume Daniel

Dessin
d'Ève Ratel

Dessin de
Manon Commaret

Le concours « Dessine le timbre de l'an 2000 » a été lancé en octobre 1998. Ouvert à tous les élèves inscrits en cours moyen des écoles primaires, ce concours a connu un grand succès, suscitant la participation de 10 222 établissements. Plus de 37 000 dessins ont été présélectionnés par les enseignants. Des jurys ont ensuite désigné l'œuvre lauréate de chaque département. Les 104 dessins finalistes ont enfin été soumis à un jury national, présidé par Jean-Claude Mézières, créateur de la bande dessinée *Valérian*. Parmi toutes les œuvres retenues, celle de Morgane Toulouse, 9 ans, a finalement été choisie pour représenter le timbre de l'an 2000.

Crédits photographiques

h : haut, b : bas, c : centre, d : droite, g : gauche

couverture et étui, g : cathédrale d'Auch, © M. Nahmias / Top ;
h de g à d : éclipse totale de soleil au Mexique du 11 juillet 1991 © Y. Delaye / Ciel & Espace ; cb : timbres © La Poste ; c : sémaphore © Jean-Claude Sénée et Nathalie Locoste ; bd : *L'Ancêtre, le soldat français dans les guerres*, Guy Arnoux (1917) - Paris, bibliothèque des Arts décoratifs, © Selva ;
dos : © Jeff Hunter / Image Bank ; timbre © Morgane Toulouse / La Poste
page de titre, Saint-Malo, bibliothèque de Saint-Malo, © Selva
sommaire, *Captif, dit L'Esclave rebelle*, destiné au tombeau du pape Jules II (1441-1513), Michel Ange (1475-1564) - Paris, musée du Louvre, © J.-R. G. Ojeda / RMN
p. 4-5, fond : © Map ; bd : Photo Lumière © Jean-Pierre Guillot ; frise de roses : © Lamontagne et © Map
p. 6, hg et bg : © Chromazone / La Photothèque SDP ; cd : © F. Bouillot / Marco Polo, p. 6-7 : fond : © Klaus Lahnstein / Fotogram-Stone
p. 7, h et b : © Chromazone / La Photothèque SDP ; cg : © F. Bouillot / Marco Polo
p. 8, h : © Philippe Maillard ; c : figurines divines - Byblos, temple aux obélisques et champ des Offrandes (âge du Bronze) - Beyrouth, Direction générale des Antiquités, © Philippe Maillard
p. 9, h : *Les Quatre saisons* (fin XVIIIe siècle) d'après Girardon par A. Belleteste - Dieppe, château-musée de l'Ivoire, © Noel Hautemanière / Scope ;
bg : © J.-L. Drouin / Diaf ; bd : © Rosine Mazin / Diaf
p. 10, h : © Philippe Huguen / AFP ; b : affiches - "Je pense donc je vote" © Raphael Thierry / Parlement européen bureau d'information
p. 11, h : © Th. Martinez et b : © P. Boulze / La Poste ; cachet d'oblitération © musée de La Poste
p. 12, pavillons et sémaphores © Jean-Claude Sénée et Nathalie Locoste ;
bg : © M. Piquemal / Figaro Magazine, p. 12-13, h : © R. Benali / Figaro Magazine
p. 13, cg : © Philip Plisson ; silhouette de bateau © Jean-Claude Sénée ; boussole, DR
p. 14, hg : © Jean-Noël Migaud / La Poste ; bg : © Carole Duvauchelle / La Poste ; hd : © Marie-Louise Quélennec / La Poste ; bd : © Christian Remaury / La Poste
p. 15, h : © Carlo Ferraro / AFP ; b : © Filippo Monteforte / AFP
p. 16, h : girandole en verre et fer forgé (1902), Émile Gallé (1846-1904) - Nancy, musée de l'École de Nancy, © Claude Philippot ; cd : portrait d'Émile Gallé, Louis Hestaux (1858-1919) - Nancy, musée de l'École de Nancy, © Josse ; bd : lampe ombrelle (1902), Émile Gallé - Nancy, musée de l'École de Nancy, © Claude Philippot
p. 17, salle à manger en acajou, Eugène Vallin (1856-1922) avec panneaux de cuir et plafond V. Prouté (1903) - Nancy, musée de l'École de Nancy, © G. Dagli Orti ; d : vase en verre double, décoré de poissons et d'algues, Daum (vers 1900) - Nancy, musée de l'École de Nancy, © G. Dagli Orti
p. 18, g : Paris, fontaine des Innocents, Jean Goujon, © Serge Chirol ;
c : nymphe et génie, fontaine des Innocents, Jean Goujon (1510-1565) - Paris, musée du Louvre, © Josse ; d : *Déploration du Christ*, Jean Goujon (1510-1565) - Paris, musée du Louvre, © Josse
p. 19, h : autoportrait de Van Dyck (1834) - Sèvres, musée de Sèvres, © M. Coppola / RMN ; bg : *Homme debout, de dos*, Anton Van Dyck (1599-1641) - Paris, musée du Louvre, © J.-G. Berizzi / RMN ; bd : *Quatres têtes de Noirs*, Anton Van Dyck - Londres, Christie's Images, © The Bridgeman Art Library
p. 20, h : © Tristan Deschamps / Diaf ; c et b : © Rosine Mazin / Diaf
p. 21, hg : © CNES / Dist SPOT IMAGE / Explorer ; hd : © G. Sioen / Top ;
g : © Pratt-Pries / Diaf ; d : © Weiss / Sunset ; b : © Alfred Wolf / Hoa Qui
p. 22, g : © Lancelot / La Photothèque SDP ; d : © Colin Hawkins / Fotogram-Stone
p. 23, h : © Frédéric / Jacana ; b : © Mero / Jacana
p. 24, fond : © Jacques Gaillard / Scope ; h : Saint-Émilion, chais du château Belair, © Jean-Luc Bardes / Scope ; g : Saint-Émilion, la Jurade, © Philippe Roy / Hoa Qui ; b : © Philippe Roy / Hoa Qui
p. 25, fond : © Japack / Sunset ; h : © M. Therme / Office du tourisme de Pompadour ; bg : © M.-J. Jarry / J.-F. Tripelon / Top ; bd : détails de l'église romane d'Arnac-Pompadour : saint Martial et saint Pierre (XIIe-XIIIe siècle), © J.-F. Amelot / Office du tourisme de Pompadour
p. 26, h : *L'Été ou Cérès*, provenant d'une villa près d'Odéon, mosaïque romaine (IIIe siècle) - Tunisie, Carthage, Musée national, © G. Dagli Orti ; b : enveloppes © musée de La Poste
p. 27, *Cérès*, premier timbre édité en France en 1849,
d'après Jacques-Jean Barre, © musée de La Poste et Florence Giraud
p. 28, h et b : © J.-L. Barde / Scope
p. 29, g : © M. Nahmias / Top ; hd : © Serge Chirol ; bd : © J.-L. Barde / Scope
p. 30, h : Frédéric Ozanam (1852), Louis Jammot (1814-1892) - coll. part., © J.-L. Charmet ; cg : © Alix / Phanie ; cd : © P. Deloche / CIRIC ; b : *Livre de vie active de l'Hôtel Dieu, une salle de l'hôpital* (1482-1483) - Paris, musée de l'Assistance publique, © J.-L. Charmet
p. 31, h : © *La Vie* / CIRIC ; c : © AFP ; b : © *L'Illustration* / Sygma
p. 32, fond : *Atlas de voyage à Tombouctou - vue de Tombouctou*, René Caillié (1829) - Paris, musée des Arts africains et océaniens, © G. Dagli Orti ; bg : Saint-Malo, bibliothèque de Saint-Malo, © Selva ; c : *Atlas de voyage à Tombouctou - R. Caillié méditant sur le Coran et prenant ses notes*, René Caillié (1829) - Paris, musée des Arts africains et océaniens, © G. Dagli Orti
p. 33, h : statue de marbre de J.-F. Champollion - Figeac, musée Champollion, © J.-D. Sudres / Diaf ; g : © Christophe Boisvieux / Explorer ;
d : © J.-D. Sudres / Diaf
p. 34, g : *L'Ancêtre, le soldat français dans les guerres*, Guy Arnoux (1917) - Paris, bibliothèque des Arts décoratifs, © Selva ; h et b : figurines de plomb - Paris, Au Plat d'Étain, © Nicolas Bertherat
p. 35, h et b : figurines de plomb - Paris, Au Plat d'Étain, © Nicolas Bertherat; hg : publicité Liebig - Vercingétorix se rendant à César en l'an 52 av. J.-C., © Selva
p. 36, h : traité d'alliance de Richard Cœur de Lion et Philippe Auguste (XIIe siècle) - Paris, Archives nationales, © Josse ; c : © Serge Chirol ; b : *Richard Cœur de Lion en route vers Jérusalem*, James William Glass (1825-1857) - Phillips, The International Fine Art Auctioneers, © The Bridgeman Art Library
p. 37, hg : statuette décorant la salle des fêtes - château du Haut-Kœnigsbourg, © Daniel Thierry / Diaf ; château du Haut-Kœnigsbourg - bg : lustre, cb : ambiance au poêle vert, d : vue extérieure du château et bd : salle d'armes, © Arnaud Carpentier
p. 38, h : signature de Frédéric Chopin, DR ; c : *Portrait de Frédéric Chopin* (1810-1849), Eugène Delacroix (1798-1863) - Paris, musée du Louvre, © C. Jean / RMN ; d : appartement de Chopin, square d'Orléans à Paris en 1842, détail de son Pleyel et du manuscrit de la *Berceuse op. 57*, © AKG
p. 39, hg : cadre © J.-L. Charmet ; hg : *Portrait de la Comtesse de Ségur*, Oreste Kiprinsky (1823) - Paris, musée Carnavalet, © G. Dagli Orti ;
bg : *Un bon petit diable* (1932) - coll. part., © J.-L. Charmet ; d : billard hollandais, jeux d'enfants (v. 1855) - Paris, bibliothèque des Arts décoratifs, © G. Dagli Orti
p. 40, hg : signature de Monet sur l'œuvre : *Matinée sur le Seine* (1897), Claude Monet (1840-1926) © Adagp, Paris 1999 - Amherst, Canada, Mead Art Museum, Amherst College, legs de Melle Susan Dwight Bliss ; bg : Monet peignant dans son atelier de Giverny © Adagp, Paris 1999, © Roger-Viollet / Harlingue ; hd : *La maison de Giverny dans les roses* (1925) - Galerie D. Malingue © Adagp, Paris 1999, © The Bridgeman Art Library, p. 40-41 : *Détails des Nymphéas partie droite reflets verts* (1914-1926), Claude Monet (1840-1926) - Paris, musée de l'Orangerie © Adagp, Paris 1999, © Josse
p. 41, bg : Monet devant le pont de giverny, Clément Étienne (1864-1936) - Paris, musée d'Orsay © Adagp, Paris 1999, © RMN ; c : *Le Bassin aux Nymphéas, harmonie verte*, Claude Monet (1840-1926) - Paris, musée d'Orsay © Adagp, Paris 1999, © H. Lewandowski / RMN
p. 42, h : *Le guignol du Luxembourg* (1899), Eugène Atget (1857-1927) - Paris, musée Carnavalet, © photothèque des Musées de la ville de Paris ; b : portrait d'Eugène Atget, Berenice Abott / Commerce Graphics Ltd, Inc. - Paris, musée Carnavalet, © photothèque des Musées de la ville de Paris
p. 43, h : *Félix Nadar à vélo* (1899), Paul Nadar (1820-1910), © Paul Nadar / Arch. Phot. Paris / CNMHS ; bg : *Nadar et sa femme en ballon*, Paul Nadar (1820-1910) - coll. part., © Josse
p. 44, g : *Trouville*, 1908, J.-H. Lartigue (1894-1986), © ministère de la Culture - France / A. A. J. H. L. ; h : *Moi, J.-H. Lartigue, les lévriers* (1926), Nicole Groult, © A. A. J. H. L.
p. 45, g : *André et Paulette* (1949), Gyula Brassaï (1899-1984), © Gilberte Brassaï ; h : *Autoportrait* (1932), Gyula Brassaï (1899-1984), © Gilberte Brassaï
p. 46, g : *Rue des Peupliers* (1934), Robert Doisneau (1912-1994), © Robert Doisneau / Rapho ; d : *Portrait de Robert Doisneau* (1992), Peter Hamilton, © Peter Hamilton / Rapho
p. 47, g : *Portrait d'Henri Cartier-Bresson*, Martine Franck, © Martine Franck / Magnum Photos ; d : *West Germany* (1962), Henri Cartier-Bresson (1908), © Henri Cartier-Bresson / Magnum Photos
p. 48, g : *Captif, dit L'Esclave rebelle*, destiné au tombeau du pape Jules II (1441-1513), Michel Ange (1475-1564) - Paris, musée du Louvre, © R.-G. Ojeda / RMN ; d : © J.-P. Laffont / Sygma
p. 49, g : recensement de la France en 1906 © Roger-Viollet ; d : affiche du recensement de la France en 1999 © AFP
p. 50, g : © Eurasia Press / Diaf ; c : *Vénus bleue*, Yves Klein (1928-1962) © Adagp, Paris 1999 - coll. part., © Béatrice Hatala / MNAM / CNAC G. Pompidou ; d : © Sharrok David / Image Bank
p. 51, b : *La Joconde* (1963), Andy Warhol (1930-1987) © Adagp, Paris 1999, © K. Ignatiadis / MNAM / CNAC G. Pompidou
p. 52, g : © David Parker / Science Photo Library / Cosmos ; d : © AFP Archives
p. 53, h de g à d : éclipse totale de soleil au Mexique du 11 juillet 1991 © Y. Delaye / Ciel & Espace ; hd : *Le Petit Journal du dimanche 21 avril 1912* © coll. Kharbine-Tapabor ; d : éclipse de soleil du 17 avril 1912 © Roger-Viollet
p. 54, création originale © Dominique Sarraute, p. 54-55 : dessins euro © Commission européenne
p. 55, bg : création originale © Dominique Sarraute ; hd : balancier d'Austerlitz © Hôtel de la Monnaie de Paris ; b : © Rosine Mazin / Diaf
p. 56, © Sven Nackstrand / AFP ; cachet d'oblitération © La Poste
p. 57, g et d : © Jean-Paul Ferrero / Phone
p. 58, h : © Labat / Jerrican ; b : © F. Bouillot / Marco Polo
p. 59, d : © Jacques Loic / La Photothèque SDP ; g : © Jeremy Samuelson / Fotogram-Stone
p. 60, g : © Lionel Nahn / Vandystadt ; bg : © Stephane Kempinaire / Vandystadt ; bcg : © Richard Martin / Vandystadt ; bcd : © Roger-Viollet ; bd : © Richard Martin / Vandystadt
p. 61, hg : © Philippe Montigny / Vandystadt ; cg : © Frédéric Nebinger / Vandystadt ; bg : © Allsport / Vandystadt ; d : © Philippe Montigny / Vandystadt
p. 62, © Masterfile / Pix
p. 63, hg : © Stéphanie Bernet / La Poste ; bg : © Ève Ratel / La Poste ; hd : © Guillaume Daniel / La Poste ; bd : © Manon Commaret / La Poste

Remerciements

L'éditeur tient à exprimer sa reconnaissance pour leur collaboration aux personnes et aux organismes suivants :

• Les Roseraies Pierre Guillot et tout particulièrement Monsieur Jean-Pierre Guillot
• Au Plat d'Étain, 16, rue Guisarde, 75006 Paris
• La Commission européenne et Sources d'Europe
• Le Musée de La Poste
• L'hôtel de la Monnaie de Paris et tout particulièrement Monsieur Benoît Montariol
• Le service communication en France du Parlement européen
• Monsieur de Veyrac, Institut du Cheval, 19230 Arnac Pompadour
• Éclairage de la tour Eiffel – Société nouvelle d'Exploitation de la tour Eiffel, Champs de Mars, 75007 Paris

Ouvrage édité par La Poste
Réalisation : Octavo

Édition : Valérie Millet
Mise en page : Sophie Pujols
Photogravure : Prodima
Recherche iconographique : Jeanne-Françoise Roche et Laure Cotelle
Imprimé en France par l'Imprimerie moderne de l'Est, Baume-les-Dames

REPUB · FRANC
20 · C · POSTES · 20 · C